AF336098

Edict & Ordonnance

DV ROY, PORTANT

la Commutation du double, par
faulte d'auoir payé dans le temps
prefix le debet du compte, en
l'Intereſt du denier douze.

AVTRE

EDICT ET ORDONNANCE

du Roy, portant nouueau Reglement pour
la pourſuitte & recouurement des debets &
reſtes des comptes deuës à ſa Maieſté, Sup-
preſſion, & reuocation de la Commiſſion du
Solliciteur des reſtes : Creation & inſtitution
de celle du Contrerolleur general deſdictes
reſtes & deniers recelez.

A PARIS,

De l'Imprimerie de Federic Morel
Imprimeur ordinaire du Roy.

M. D. LXXIIII.

EDICT ET ORDONNAN-

ce du Roy, portant la Commutation
du double, par faulte d'auoir payé
dans le temps prefix le debet du com-
pte, en l'intereſt du denier douze.

HARLES par la
grace de Dieu Roy
de France, A tous
preſents & à venir,
ſalut. Pour ce que
nous auós touſiours
eſtimé, que les Edits & Ordonnáces
faittes par nos predeceſſeurs & nous
pour le recouurement des reſtes à
nous deuës par la fin & cloſture des
cóptes de nos Treſoriers, Receueurs
& autres qui ont maniement de nos

A ij

finãces, feroient que nous pourriõs
eftre de ce cofté fecourus en nos affaires de bónes & groffes sõmes qui
demeurét és mains des redeuables
comptables, ou autres condemnez
enuers nous : contre lefquels a efté
permis d'vfer de cõtrainctes, qu'on
a iugé eftre neceffaires, dõt font en-
fuiuiz infinis proces, tant contre
les condemnez & redeuables, que
contre leurs vefues, heritiers & biés
tenans, cautions, & certificateurs.
Tellement que penfant mettre fin
à telles longueurs, & par quelque
autre moyen recouurer les deniers
des reftes à nous deuës, par l'Edict
& Ordonnance de l'annee mil cinq
cens cinquante fept, auroit efté ordonné que tous redeuables enuers
nous, qui n'auroiét payé leur debet
de clair dãs le temps qui leur feroit
prefix, payeroiét le double, fans autre

tre condemnation : duquel double
nostre Receueur general des restes
nous tiendroit compte , comme
dudict debet de clair. Au moyen
de laquelle Ordonnance , aucuns
Receueurs redeuables ont durant
quelque temps payé leurs debets,
dans le temps qui leur estoit prefix,
craignans d'encourir le double.
Mais à l'occasion de ce, que aucuns
qui estoient poursuiuis au payemét
dudict double, se sont retirez à nous
& à nostre Conseil priué, donnans à
entendre les raisons pour lesquelles
ils n'auoient peu payer dãs le temps
prefix, Et que liberalemét nous les
auons deschargez de la rigueur de
ladicte Ordonnance, & faict tenir
quictes desdicts doubles encouruz:
Les affaires sont pour ce regard ve-
nus à tel mespris , que lesdicts redeuables ne tiennent plus compte

A iij

de ladicte condemnation dudict
double, ne de toutes les executions
& contrainctes qu'on y pourroit
faire, s'asseurans que lors qu'ils seroient apparoir auoir payé la somme principalle, qu'ils seroient faci-
lement deschargez dudict double:
Et ainsi est aduenu que noz deniers
sont de iour à autre retardez, sans
que les executions & contrainctes,
ne pareillement ladicte condemnation du double, les ayt peu iusques
icy accelerer, & moins le pourroit
faire à l'aduenir, s'il n'y est par nous
pourueu.

I.

A ces causes sçauoir faisons, Que
apres auoir mis ceste matiere en de-
liberation en nostre Cōseil priué, &
eu sur ce l'aduis de nostre treshōno-
ree Dame & mere, de nostre trescher
frere le Roy de Pologne, & aucuns

autres

autres Princes de nostre sang, & autres grands & notables personnages
d'iceluy nostre conseil, Nous auons
dict, declaré, voulu & ordonné, &
de nos certaine science, pleine puis-
sance, & auctorité royale, disons, de
clarons, voulons, ordonnós, & nous
plaist, par Edict perpetuel & irreuocable, pour les causes susdictes, &
autres bonnes considerations à ce
nous mouuans, Que dorenauant,
à commancer du iour de la verifi-
cation de cestuy nostre present
Edict en nostre Chambre des Cóptes, la condemnation du double,
par faulte d'auoir payé le debet de
clair dãs le temps prefix, n'aura plus
lieu, & d'icelle ne sera desormais faicte métion à la closture des comptes: Mais à fin que les deniers à nous
deuz ne soient estimez de pire condition que ceulx de noz subiects, en

faueur defquels eft permis par noz
Ordonnances leur eftre adiugé l'Intereft à raifon du denier douze , fur
les debiteurs, des le iour que le tẽps
prefix au payement de la fomme
principale eft expiré.

II.

Nous auons dit, ftatué, voulu &
ordonné, difons , voulons, ordonnons, & nous plaift, que toutes per-
fonnes, de quelque eftat & qualité
qu'ils foient , qui fe trouueront cy
apres condemnez par le iugement
& arreft de noftre Chambre des
Cõptes, à nous payer quelque fomme de deniers , l'execution duquel
arreft foit prompte & paree, fans at-
tendre autre fubfequent iugement,
& n'auront icelles fommes payees à
noftre recepte generalle des reftes,
dans le temps qui leur fera prefix,
feront tenus fans autre condemnation

tion, sommation ne signification, à
nous payer des ledict iour l'interest
à raison du denier douze : duquel
interest nostre Receueur general
des restes nous tiendra compte,
comme de la somme principalle.
Au payement duquel interest, ou
rente du denier douze, nous voulōs
nos debiteurs & redeuables, leurs
vefues, heritiers, & biens tenās, cautions, certificateurs, & autres qui
subsidiairement en pourroiét estre
tenus, estre contraincts chacun cō-
me il appartiendra, par les mesmes
contrainctes que pour la somme
principale. Et pour autant qu'entre
ceulx qui se trouuent noz redeuables par iugemens & arrests de nostre Chambre des Comptes, y en
peult auoir aucūs qui ne font comptables, & partant n'ont baillé cautions, ains seulement font condem-

B

nez particulierement enuers nous,
en procedant à l'examen & closture
des comptes , ou au iugement des
correctiós faictes sur lesdicts comptes ou autremét, Nous voulons &
entendós qu'apres que le téps à eulx
prefix sera expiré, ils soiét aussi contraincts au payement actuel, tát dudict interest dudict denier douze,
que de la somme principale, par les
voyes accoustumees pour noz deniers & affaires, à fin de rendre egal-
lement tous noz debiteurs tát plus
soigneux & diligés à payer & satis-
faire à nostre recepte generalle des
restes ce qui nous sera par eulx deu,
auec pareil & semblable interest,
que celuy qui est par noz Ordonnances permis à noz subiects prendre de leurs debiteurs.   Et pour le
regard des comptes desia clos & ar-
restez, donnez en nostredicte Chá-
bre

bre des Comptes, portans condemnation d'aucunes ſommes enuers
nous, leſquelles ne ſont encores ce
iourdhuy payees ou deſchargees,
nous voulons que pour le regard
des condemnations du double, par
faulte de n'auoir payé dans le temps
prefix aux redeuables, ſi aucuns y en
a qui reſtết à recouurer, que leſdicts
condemnez ne ſoient plus oultre
pourſuiuis, ains de grace ſpeciale les
en auõs tenu quictes & deſchargez.
Et à fin que l'execution des iugemés
donnez ſur les comptes deſia clos,
& des arreſts portans cõdemnation
d'aucunes ſommes enuers nous,
ſoit deſormais faicte de meſme fa-
çon que celle des comptes qui ſerõt
cy apres clos, Nous voulõs & nous
plaiſt, que dãs trois mois, à compter
du iour de la verificatiõ du preſent
noſtre Edict en noſtredicte Cham-

B ij

se trouuera encouru, & duquel aura esté faict estat en nostredicte recepte generale des restes, des le iour
que le temps prefix au payement est
passé, & ce à l'occasion de la negli-
gence dõt aura vsé le redeuable qui
n'aura faict faire ladicte descharge
dans le temps prefix.

IIII.

Et pour le regard des iugemens
& arrests donnez en nostredicte
Chambre des Comptes qui n'em-
portent prompte execution, côme
souffrance, debets de quictance, &
parties indecises, nous entendons
non seulement y pourueoir, mais
aussi en peu de temps donner tel reglement sur tout le faict desdits restes, que nous pourrons quand besoing sera, faire estat d'icelles, &
nous en aider en noz affaires.

Si

V.

Si donnons en mandemēt à noz
amez & feaulx les gens de nos Cōptes à Paris, que noſtre preſent Edict
ils facent lire, publier, & regiſtrer,
& iceluy inuiolablement entrete-
nir, garder & obſeruer de poinct en
poinct, ſelon ſa forme & teneur, par
tous ceulx qu'il appartiendra, non-
obſtant oppoſitions ou appellations quelſconques, & tous autres
Edicts, mandemens, defenſes &
lettres à ce contraires. Car tel eſt
noſtre plaiſir.

Donné à Victry le François, au
mois de Nouembre, l'an de grace
mil cinq cens ſoixante treize, Et
de noſtre regne le treizieme. Signé
ſur le reply, Par le Roy, PINART.

Et ſeellees du grand ſeel de cire
iaune, en double queuë. Et à coſté
ſur ledict reply eſt eſcript,

Leuës, publiees, & regiſtrees en la
Chambre des Comptes, ouy le Procureur
general du Roy, le vingt troiſieme iour
de Ianuier, l'an mil cinq cens ſoixante
quatorze.

Signé,

DANES.

EDICT ET ORDONNANCE

*du Roy, portant nouueau Reglement
pour la poursuitte & recouurement
des debets & restes des comptes deuz
à sa Maiesté : Suppression, & reuocation de la Commission du Soliciteur
des restes : Creation & institution de
celle du Contrerolleur general desdictes restes, & deniers recelez.*

HARLES par la
grace de Dieu Roy
de Frāce, à tous pre-
sens & à venir, salut.
Nous auons puis na-
gueres fait entendre par Edict nos
vouloir & intention sur la commutation du double, à faute d'auoir
payé dans le iour prefix, auec pareil

C

& semblable interest que celuy qui
est ordonné à nos subiects, pour en
estre payez sur les debiteurs qui n'au
ront satisfaict au contenu de leurs
obligations, dans le temps prefix:
& que nostre principale intention
est de faire faire le recouuremēt des
restes à nous deuës par autres voyes,
que celles qui ont esté iusques icy
obseruees : l'effect desquelles a cy
deuant plus engendré de procez &
querelles, qu'il ne s'est trouué de parties de restes dans les estats, qui ont
esté expediez à ceux qui en ont eu la
charge. Pour à quoy obuier & re-
trancher les oculaires abus qui se
cōmettoient au faict desdites restes,
en l'an M. D. LIIII, auroit esté creé
& institué vn Receueur general desdictes restes, és mains duquel tout
ce qui prouenoit d'icelles deuoit
estre payé par les contrainctes qui
luy

luy estoient permises & ottroyees,
depuis enuiron l'annee M. D. L V I I I,
a esté commis & institué vn Soliciteur general pour faire les diligen-
ces necessaires au recouuremét desdictes restes, auquel à ceste fin estoit
permis d'vser de toutes les côtrain-
ctes necessaires, priuatiuemét audit
Receueur general des restes: Mais
au moien des guerres & troubles
aduenuz en cestuy nostre Royau-
me, les poursuittes qui estoient bien
requises pour nostre seruice, & sou-
lagement de nos bons comptables,
n'ont peu estre côtinuees selon nos
vouloir & intention, & moins le
pourroient estre à l'aduenir sil n'y
est par nous pourueu, & les affaires
ne sont reglez par nouuel edict &
ordonnance.

I.

A ces causes, sçauoir faisons, Que

apres auoir mis ceſte matiere en de-
liberation en noſtre Conſeil priué,
& eu ſur ce l'aduis de noſtre treshó-
noree Dame & Mere , d'aucũs Princes de noſtre ſang, & autres grãds &
notables perſonnages d'iceluy noſtre Cõſeil, Nous auõs dict, declaré,
ſtatué, voulu & ordonné , & de nos
certaine ſcience, pleine puiſſance, &
auctorité royale, diſons, declarons,
ſtatuons, ordonnons, & nous plaiſt,
par Edict perpetuel & irreuocable,
pour les cauſes ſuſdictes , & autres
bónes conſideratiõs à ce nous mou-
uãts, Que dorenauãt noſtre Procureur general en noſtre Chambre des
Comptes, baillera par chacun mois
l'eſtat de toutes les reſtes à nous
deuës, au receueur general d'icelles,
par ſon recepiſſé, comme eſtoit ob-
ſerué au parauant l'inſtitution dudit
Soliciteur deſdictes reſtes , pour en
compter

cōpter par ledict Receueur, suiuant
l'Edict de l'annee Mil cinq cents
cinquante quatre, portant son institution, hors mis pour le regard des
contraintes & poursuittes, ausquelles ledict Receueur general ne s'entre-
mettra, ny semblablement ledict
Soliciteur general des restes, d'autant que par ces presentes nous auōs
iceluy supprimé, & supprimons,
cassé, anullé, & reuocqué, cassons,
anullons, & reuocquons, tous les
articles & commissions ausdits Soliciteur ou Soliciteurs, octroyees
puis le mois de Ianuier dernier en
çà : & en leur lieu & place auons ad-
visé de pourueoir & establir par cō-
mission vn Contrerolleur general
desdictes restes & deniers recelez,
qui aura pareilles & semblables cōtrainctes & compulsions qu'a euës
ledit Soliciteur des le temps de son

C iij

inſtitution. Lequel Contrerolleur
tiendra fidel regiſtre & contrerolle
des eſtats qui ſeront deliurez au Receueur general deſdites reſtes: pro-
curera le recouurement ou l'aſſeu-
rance des deniers qui ſeront deuz
par les comptables, incontinent &
ſi toſt que les delais ſeront eſcheuz:
fera toute diligence à deſcouurir les
debets qui ſe trouueront à nous
deuz, pour en aduertir noſtre Procureur general en noſtreditte Chā-
bre des comptes, à fin de les bailler
par eſtat audict Receueur general
des reſtes: tiendra fidel regiſtre &
contrerolle de toutes les condemnations d'amendes de double, pour la
retention, & quadruple pour l'ob-
miſſion, amendes à faulte de compter, & toutes autres condemnatiõs
enuers nous, faittes en noſtre Chā-
bre des comptes, leſquelles noſtre
Pro-

Procureur general aura baillees par
eftat audict Receueur general des
reftes : pareillement de l'intereft du
denier douze, qui nous fera deu incontinent apres le temps prefix ef-
cheu, fuiuant noftre dernier Edict.
Lequel regiftre contiendra les qualitez du debiteur, l'occafion pour
laquelle, & depuis quel iour il a có-
mancé d'encourir ledict intereft, à
cefte raifon du denier douze, combien ledict intereft montera par
chafcun an, combien par chafcun
mois, & combien par chafcun iour:
à fin que quãd ledit redeuable voudra payer, que ledit Receueur general des reftes fçache au vray, quelle fomme il deura receuoir, & de
quel iour ledict intereft fera encouru. Et à cefte fin ledict Receueur aura communication dudict
regiftre & contrerolle general, deux

ou trois fois la sepmaine, aux heures accoustumees dans la Chambre
des Comptes, pour faire transcrire
dans le sien les estats de ceux qui auront encommancé d'encourir ledit
interest. Sur lequel registre dudict
Receueur ledict Contrerolleur general sera tenu le collationner & pa-
raffer.

I I.

Et commancera tout redeuable,
de quelque qualité & condition
qu'il soit, contre lequel nous auons
execution paree, d'encourir ledict
interest, tout aussi tost que le iour
prefix sera escheu, sans autre sommation ne signification, si ce n'est
que le delay & temps prefix fust có-
tinué par autre delay donné au parauant l'expiration du precedent,
auec cognoissance de cause, & no-
stredit Procureur general en nostre

ditte

ditte Chambre fur ce oy : Auquel
cas, & non autrement, le redeuable
fera excufé dudict interest.

III.

Mais fi apres l'expiration dudict
delay ledict redeuable a commancé
d'encourir ledict interest du denier
douze, iceluy redeuable ne fera re-
ceuable à requerir nouueau delay,
ou demander reftabliffement de la
partie pour quelque occafion que
ce foit, que au preallable il n'ait rap-
porté la quittance dudict Receueur
general des reftes dudict interest,
fuiuant noftredit dernier Edict. Laquelle quittance fera contrerollee
par ledict Contrerolleur general,
qui fera tenu la contreroller prom-
ptement, & fans frais, à celuy qui
aura payé le contenu d'icelle audict
Receueur general des reftes .

D

IIII.

Et aduenant le cas que ledict redeuable soit deboutté de sadicte
requeste, & soit encores dilayant de
payer à laditte recepte generalle des
restes, la somme principale, dans la
huictaine apres qu'il aura payé ledit
interest, & leué la quittáce d'iceluy,
en ce cas ledict interest continuéra
d'encourir comme deuant.

V.

Mais au cas que dans la huictaine
apres la datte de la quittance dudict
interest, la somme principale soit
payee, ou que la partie soit deschar-
gee ou restablie, ne sera ledict redeuable plus inquieté d'iceluy interest
qui seroit encouru pendant ladicte
huictaine.

VI.

Au payement desquels interests,
non seulement lesdicts comptables,
&

& autres redeuables, seront tenuz
toutes fois & quantes que ledit Côtrerolleur general les enuoyera som
mer & poursuiure à leurs fraiz &
despens, comme pour les sommes
principales : mais aussi leurs cautions & certificateurs, comme pour
nos autres deniers & affaires, ensemble ceux qui subsidiairement en
peuuent estre tenus, au cas que lesdictes cautiôs & certificateurs soiét
trouuez insoluables : d'autant que
par faulte de nous auoir payé & satisfaict ce dont nous auons faict
estat, pour subuenir à noz affaires,
nous auons esté contraincts faire
prendre ailleurs pareilles sommes à
grand interest & perte de finance.

V I I.

Et pour donner plus d'occasion
aux redeuables de payer leurs debets, ou les faire restablir & deschar-

D ij

ger dans le temps qui leur sera prefix, sans se faire executer, & trauail-
ler par huissiers & sergens, ce qui
leur vient à grand' honte, perte,
fraiz, & dommage : Nous voulons
& ordonnons, que dorenauāt tous
comptables tenuz de bailler cautions, ferōt transcrire l'acte des cautions qu'ils ont baillees dans chacun
compte qu'ils presenteront, & aux
premiers fueillets d'iceluy, sur peine de cent liures parisis d'amende,
dont l'auditeur, auquel ledict cōpte
aura esté distribué, fera faire recepte, sans reprinse aux cōptes de ceulx
qui n'auront obey, sans aucun en ex-
cepter, & sans que lesdicts comptables s'en puissent excuser, soubs pre-
texte de l'auoir faict transcrire aux
comptes precedents, lequel acte sera deuëment collationné, pour y
auoir recours quand besoing sera,
Pour

Pour d'iceluy interest nous en estre
tenu cõpte par ledict Receueur general des restes, & contrerolle par
ledict Contrerolleur general, auquel nous ordonnons faire desormais, soubs le nom de nostre Procureur general en nostre Chãbre des
comptes, les poursuittes qu'il con-
uiendra faire pour recouurer tout
ce qui sera baillé par estat audict
Receueur general des restes, soit de
principal ou d'interest, & de toute
autre chose concernant le faict de
noz restes & deniers recelez, tant
en nostreditte Chãbre, que en nostre Cour des aydes à Paris, selon
que les affaires le requerront, & par
ses certificats & contrainctes, comme ledict Soliciteur auoit faict des
le temps de son institution.

VIII.

Et à fin d'acheminer de telle fa-

D iij

çon le faict desdites rentes, qu'il n'en
demeure aucune chose en arriere,
Nous voulons & ordonnons, que
desormais, à cõmencer du premier
iour du mois ensuiuant la publication de ce present nostre Edict, que
à la diligence de nostre Procureur
general en nostre Chãbre des cõp-
ptes, les gens de nosdicts Comptes
nomment & eslisent d'entre eux vn
President, six Conseillers Maistres,
& quatre Cõseillers Auditeurs, tels
qu'ils cognoistront estre besoing
pour nostre seruice, soient lesdicts
President, Maistres, & Auditeurs du
seruice semestre ou non, pour iu-
ger au rapport desdicts Auditeurs,
en tel bureau qu'ils verront estre cõ-
mode, prouueu que ce soit dans nostre ditte Chambre, toutes les souffrances & autres charges & parties
indecises estans sur les comptes, dõt
ils

ils seront requis par nostredict Procureur general en nostredicte Châbre. Ausquels nosdicts President, Maistres, & Auditeurs à ce deputez, nous enioignons de vacquer à toute diligence au iugement desdictes souffrances, durant les iours & heures accoustumees, tant & si long temps qu'il sera par lesdicts gens de nosdicts Comptes ordonné.

I X.

Et apres que le temps à eulx prefix sera expiré, il y sera nommé pareil nombre par les gens de nosdicts Côptes au grand bureau, pour sans discôtinuation estre procedé au iugement desdictes souffrances & indecisions.

X.

Et à fin que nous soyons plus prôptement secouruz de ce qui nous est deu par lesdictes restes des comptes,

Nous auons dict, voulu, declaré, &
ordonné, difons, declarons, voulõs
& ordonnõs, que tous ceux de quelque qualité & cõdition qu'ils foyĕt,
qui deformais payeront & fourni-
ront deniers à noftredict Receueur
general des reftes, en l'acquit & def-
charge de l'vn des redeuables, qui
aura efté baillé par eftat audict receueur, & enregiftré en fes regiftres, &
de ceulx dudict Contrerolleur general des reftes aura quictance dudict Receueur : laquelle fera contrerollee par ledict Contrerolleur, &
deliuree à celuy qui aura fourny lef-
dicts deniers foit le comptable, ou
l'vn de fes cautions certificateurs, ou
autre de quelque qualité & condition qu'il foit, lequel en ce faifant
demourera fubrogé en tous noz
droicts, actions & ypothecques à
concurréce, tant de la fomme principale

cipale qu'il aura payee, que de l'intereſt au denier douze, iuſques au
parfaiċt rembourſement d'icelle ſõ-
me principale, & tous arrerages dudit intereſt qui ſen ſerõt enſuiuis, a-
uec pouuoir & puiſſance de demã-
der & pourſuiure non ſeulement les
intereſts qui ſeront deubz, mais auſſi
ladiċte ſomme principale, toutes-
fois & quantes que bon luy ſemble-
ra, tout ainſi que faire le pourroit le
Cõtrerolleur general deſdiċtes reſtes en noſtre nom, ſi de la quiċtan-
ce des reſtes, pour ce regard n'auoit
eſté faiċte aucune deliurãce, ſans ce
qu'il ſoit loiſible audiċt receueur general des reſtes, de receuoir d'aucun
particulier redeuable les ſõmes dont
les quiċtances auront auparauãt eſté
deliurees auſdiċts ceſſionnaires. Ce
que luy auons expreſſément inhibé
& defendu ſur peine de faulx.

E

Et ou aucun debiteur, ou autre en
son acquict voudroit, apres la deli-
urance de ladicte quictāce, faire aucun payement à nostre recepte generale des restes, ledict Contrerolleur l'enuoyera & l'adressera à celuy
des cessiónaires, auquel ladicte quictance aura esté deliuree. Ausquels
cessionnaires nous auons entendu
& entendons, que deslors que ladicte quictance leur sera baillee, ils
soient tellement subrogez en tous
noz droicts & actions, qu'ils puissent poursuiure, quād bon leur semblera, tout ce qui leur a esté cedé, par
les mesmes voyes & cōtrainctes qui
ont esté de toute ancienneté obseruees pour le recouurement de noz
deniers & affaires, soit contre les debiteurs, leurs vefues, heritiers, bien-
tenans, cautions, certificateurs, cō-
missaires

missaires, depositaires, & generalle-
ment tous autres qui de droict peuuent estre subsidiairement tenuz au
payemét du debet, si les cautions &
certificateurs se trouuent insoluables, sans ce que les dessusdicts redeuables, & ceulx qui seront tenuz au
payement, puissent desormais alle-
guer la rente du denier douze, à laquelle equipolle cest interest auroit
esté prohibé & defendu entre parti-
culiers: ce que nous ne voulós auoit
lieu pour ce regard, attendu que ledict interest nous estoit deu, & duquel ils sont noz cessionnaires, comme de la somme principale.

X I I.

Et à fin que nous soyons plus as-
seurez d'estre payez quád bon nous
semblera, tant des sommes principales qui nous sont deuës par noz
comptables, que des interests, qui se

trouueront escheuz à faulte d'auoir
par nosdicts comptables ou autres
redeuables payé les sommes principales : & qu'vn chascun de noz subiects, de quelque qualité qu'il soit,
qui aura deniers, puisse mieulx sçauoir quelles cautions ont baillé les
côptables, soubs les noms desquels
ils vouldront leuer la quictance du
Receueur general des restes, & estre
subrogez à noz droicts, actions &
ypothecques.

X I I I.

Nous voulons que desormais vn
chacun des Tresoriers de France, &
generaux de noz finances, qui sera
en exercice, enuoye, sur peine de
radiation de ses gages, vn sommaire estat signé de leur main audict
Contrerolleur general des restes,
contenant les noms & qualitez des
comptables qui sont soubs leurs
char-

charges,& des cautions & certificateurs que lesdicts comptables aurõt
baillees, pour y auoir recours quãd
besoing sera,de la reception duquel
estat ledict Contrerolleur fera re-
cepisse à celuy qui le luy aura en-
uoyé,pour luy seruir de descharge.

XIIII.

Et pource que la presente annee
est desia aduancee , ceulx desdicts
Tresoriers de France , & generaulx
de noz finances, qui sont en exercice satisferont à ce que dessus dans
deux mois apres la publication des
presentes, & ceulx qui entreront en
exercice au mois de Ianuier pro-
chain, que lon comptera Mil cinq
cens septante quatre , enuoyeront
lesdicts estats , audict Côtrerolleur
general des restes , dans le dernier
iour de Feurier ensuiuant , & ainsi
d'an en an , sur ladicte peine.

E iij

X V.

Et où il aduiendroit, que durant ladicte annee de leur exercice il y euſt quelque caution renouuellee ou renforcee, leſdicts treſoriers generaulx en aduertiront ledict Contrerolleur gen eral des reſtes, le pluſtoſt que faire ſe pourra, ſur les peines que deſſus, à fin qu'en toute ſeureté nous puiſſions à l'aduenir faire vray eſtat de ce qui nous ſera deu auſdictes reſtes, tant du principal, que des rentes qui ſeront eſcheuës, ſoit que les ſommes principales & rentes ſoient deuës à nous, ou à noz ceſſionnaires qui aurōt fourny deniers à noſtre dicte recepte generale des reſtes.

X V I.

Et au cas qu'aucun comptable ou autre fuſt declaré redeuable de certaine ſomme, la quictāce de laquelle
le

le foit cy-apres leuee defdictes reftes, deliuree à aucun ceffionnaire,
qui aura fourny ladicte fomme à la
recepte generale des reftes, & que
apres par autre fubfequent iugemét
ou arreft, foit reuifion ou autre, laditte fomme fe trouue reftablie ou
n'eftre deuë, & partát ledict ceffionnaire foit fruftré de fon intention,
Nous voulons que rapportant par
ledict ceffionnaire la quictance, il
foit remplacé de parcille quictance
qu'il voudra prendre, & payement
actuel de l'intereft qui fe trouuera
deu, luy eftre faict des premiers &
plus clairs deniers des reftes.

X V I I.

Et pour ce qu'il y a eu cy-deuant
aucuns affignez fur lefdictes reftes,
aufquels on a deliuré au parauant le
mois de Mars dernier des quictances, foubs les noms des redeuables

pour deniers cõptans, lesquels redeuables ont depuis faict restablir &
descharger leurs comptes , tellemét
que lesdictes quictances sont & de-
meurent inutiles ausdicts assignez,
enuers lesquels nous voulons reco-
gnoistre bonne foy, & les releuer de
perte, voulons leur estre loysible de
rapporter à ladicte recepte generale des restes, lesdictes quictances inutiles , qui leur ont esté deliurees
au parauant ledict mois de Mars, &
pour remplacer, leuren estre deliuré
sur autres comptables en la mesme
solennité que dessus , laquelle de-
liurance les fera & rendra noz cessionnaires en tous noz droits, actiõs
& ypotheques, tãt pour le principal
des sommes mentionnees esdictes
quictances , que de l'interest au denier douze qui courra sur les comptables , & autres redeuables, ce que
nous

nous voulõs, auec les autres quictã-
ces qui auront esté remplacees, estre
passé & alloué en la despense des
comptes dudict Receueur general
des restes, comme les autres charges
ordinaires, sans aucune difficulté,
rapportant seullemét lesdictes quictances inutiles, auec certificat de
ceulx qui les auront rendues, conte-
nans les causes pour lesquelles les
sommes y mentionnees n'ont peu
estre recouuertes. Et quát aux quictances qui ont aussi esté deliurees
au parauant le dict mois de Mars
dernier, pour deniers cõptans ausdicts assignez, ausquelles n'a esté satisfaict par les redeuables, nous voulons que faisans par lesdicts assignez
verifier sur l'original du compte les
sommes contenues ausdictes quictances n'estre acquictees, que l'interest dudict denier douze ait lieu sur

F

le redeuable au proffit dudict assi-
gné, qui sera saisy de ladicte quictá-
ce des restes:au payemét duquel interest les debiteurs seront cótraints,
comme pour la somme principale,
ainsi que dessus est dict , & par les
contrainctes & compulsion y mentionnees, l'execution de toutes lesquelles choses nous sçauons depen-
dre principalement de la diligence
& dexterité dudict Contrerolleur
general desdictes restes & deniers
recelez.

X V I I I.

A ceste cause entendons y com-
mettre homme capable, versé & ex-
perimenté au faict de noz finances:
auquel pour ses peines, salaires, va-
cations, & entretenemét de clercs,
& cófection d'estats , & Cótrerolle,
Nous luy auonsordonné & ordonnons , oultre le sold pour liure de

tout

tout ce qui se trouuera estre actuel-
lement payé à ladicte recepte generalle des receptes, la somme de douze cẽs liures tournois, qui est la mesme qui a esté cy deuant, & depuis
l'vnzieme Feburier M. D. LXXI.
ordonnee audict Soliciteur general supprimé, pour en estre ledit
Contrerolleur general des restes
payé par ses simples quictances, par
ledit Receueur general des restes, de
quartier en quartier : rapportāt lesquelles quictances, auec le vidimus
de ces presentes vne fois seullement,
Nous voulõs ledict sold pour liure,
ensemble lesdicts douze cens liures
tournois de gaiges par an, & tout ce
que payé en aura esté, estre passé &
alloué en la despense des comptes
dudĩt Receueur general des restes,
sans difficulté.

F ij

XIX.

Si donnons en mandemét à noz
amez & feaux les gens de noz Comptes à Paris, que iceluy noſtre preſent Edict & Reglement facent lire,
publier, & enregiſtrer, ſans y vſer
d'aucune modification ne reſtrin-
ction. Et le contenu en iceluy garder & obſeruer de poinct en poinct
ſelon ſa forme & teneur, par tous
ceulx qu'il appartiendra, nonobſtāt
oppoſitions ou appellations quels-
conques, & tous autres Edicts, mā-
demens, defenſes, & lettres à ce contraires.   Car tel eſt noſtre plaiſir.

X X.

Et pour autant que de ces preſen-
tes on pourra auoir affaire en plu-
ſieurs & diuers lieux, Nous voulons
que au vidimus d'icelles, ou colla-
tion deuëmét faicte, foy ſoit adiou-
ſtee comme au preſent original. Et
à fin

à fin que ce soit chose ferme & stable, nous auons à iceluy nostredict Edict faict mettre & apposer nostre seel.

Donné à Victry le Françoys au mois de Nouébre, l'an de grace Mil cinq cens soixante treze, & de nostre Regne le trezieme.
Signé,　　　　　　　CHARLES.

Et plus bas, Par le Roy, PINART.
　　Et à costé,　　　　　　Visa.
Et seellé du grand seel de cire verde en laz de soye. Et au dessoubs est escript,

Leuës, publiees, et registrees en la Chãbre des comptes, ouy le Procureur general du Roy, le vingt troisieme iour de Iãuier, l'an mil cinq cens soixante quatorze.
Signé,　　　　　　　DANES.

Sommaire du Priuilege.

PAR Lettres patentes du Roy, donnees à Paris le quatriéme iour de Mars, mil cinq cents soixante-vnze, signees sur le reply, Par le Roy, Monsieur le grand Aumosnier present, DE-NEVFVILLE, & seellees du grand seel dudit Seigneur, en cire iaune, sur double queuë : verifiees tant en la Cour de Parlement, Chambre des Comptes, des Aides, que au Chastellet de Paris : Il est permis à Federic Morel son Imprimeur ordinaire, d'imprimer, ou faire imprimer, vendre & debiter tous Edicts, Ordonnances, Mandements, & Lettres patentes, sans qu'autres Libraires & Imprimeurs les puissent imprimer ne faire imprimer, si ce n'est du vouloir & consentement dudict Morel : sur les peines contenues esdictes Lettres. En oultre a ledict Seigneur voulu, qu'apposant par ledict Morel vn extraict sommaire de ses Lettres, au commancement ou à la fin de chascun des Liures qu'il imprimera, elles soient tenues pour suffisamment notifiees & venues à la cognoissance particuliere de tous ceulx qu'il appartiendra, sans qu'ils en puissent pretendre cause d'ignorance.

TE
ET
IVS
ET
TA
TI
PI
A
F M